AF339405

MÉMOIRE

SUR LA COLONIE

DE LA

GUIANE FRANÇAISE,

Et sur les avantages politiques et commerciaux de sa possession.

Rédigé sur les Notes d'un Colon,

Par P. F. F. J. GIRAUD.

Prix 1 franc.

A PARIS,

Chez { CHARLES, Imprimeur, rue Guénégaud, N°. 10.
CÉRIOUX, Libraire, quai Voltaire, N°. 9.
les Marchands de Nouveautés.

AVRIL — 1824.

MÉMOIRE

SUR LA COLONIE

GUIANE FRANÇAISE,

Et sur les avantages politiques et commerciaux de sa possession.

Une Colonie qui réunit les avantages de la terre et de la mer, qui est appelée par la nature à élever sa splendeur et sa puissance sur un commerce continental et maritime, qui est un pays susceptible de produire la plupart des denrées pour la jouissance desquelles l'Europe a créé son système colonial, une telle Colonie, dis-je, est sans contredit une possession précieuse, un auxiliaire intéressant dont une métropole ne peut se dissimuler l'importance, et à qui tôt ou tard les hommes ou les évènemens doivent donner l'impulsion nécessaire au développement des germes de prospérité et de richesse que la nature même lui a si libéralement départis.

Or, ces caractères distinguent éminemment la Colonie de la Guiane française, et les circonstances présentes ont vu naître des évènemens dont les conséquences doivent tourner indispensablement de son côté les regards d'un Gouvernement qui veut rattacher sa fortune particulière au grand système du bonheur public. C'est pour concourir à ce noble but, et payer à la patrie le faible tribut de ses moyens et de ses connaissances, qu'un citoyen obscur se hasarde à mettre au jour le résultat des recherches et observations qu'un long séjour à Cayenne l'a mis à portée de recueillir sur les besoins et les ressources de la Colonie ; et il se propose d'établir, 1°. qu'il y a, pour le Gouvernement, nécessité urgente de porter son attention sur la Guiane.

2°. Que cette contrée seule présente à la France les mêmes avantages et de plus grands encore que ceux qu'elle a perdus.

3°. Que les causes qui y ont arrêté le développement de la culture, sont purement accidentelles, factices et transitoires.

4°. Qu'il est des moyens certains de créer la puissance politique et la prospérité commerciale de la Colonie : telle est la tâche qu'on se propose ici et qu'on n'aura peut-être pas rempli sans quelque utilité, si l'exécution répond aux intentions qui la font entreprendre.

§. De la nécessité où se trouve le Gouvernement de porter son attention sur la Guiane.

Le commerce est devenu pour l'Europe non seulement un besoin, mais encore un des premiers élémens dont se compose le poids de tout Etat dans la balance commune. Mais l'importance et le succès du commerce que peut entreprendre une nation, tient et tiendra longtemps encore à l'importance et à la force de ses Colonies. C'est par et pour les Colonies que la marine naît, prospère et s'alimente : c'est dans leur sein qu'une métropole trouve l'écoulement sûr et prompt de l'excédent du produit de ses fabriques et de ses manufactures; en un mot, sans Colonies point de marine, sans marine point de commerce, sans commerce point d'influence solide et durable dans le système politique de l'Europe. Cela posé, et une fois la nécessité d'entretenir des Colonies avouée et reconnue, quelles circonstances commandèrent jamais plus impérieusement de s'occuper de celle de la Guiane ?

D'un côté, les Anglais étendent dans l'Inde, presque sans obstacle comme sans rivaux, les conquêtes de leur immense marine et de leur active industrie. Cette puissance, dont les besoins excèdent de beaucoup les ressources, est condamnée, si on peut le dire, à une intempérance de succès qui élève sa fortune colossale sur la domination à peu près exclusive des mers ; pour parvenir à ce but, elle tend et tendra plus que jamais, sauf les événemens majeurs qui peuvent avoir lieu en Europe, à diriger vers l'Orient l'esprit de colonisation et toutes ses forces industrielles. On reconnaîtra aisément la

marche et les progrès de ces idées an-
glicanes dans la guerre qu'a allumée en
ce moment la Grande-Bretagne, et
dont un des principaux objets est de do-
miner l'Egypte et la Méditerranée (1),

---

(1) Nous ne pensons pas que le but de l'Angleterre soit de fonder une Colonie proprement dite en
Égypte ; si elle veut y régner, c'est moins pour re-
lever la splendeur de cette contrée, que pour em-
pêcher toute autre puissance, la France par exemple, de la reconstituer à son profit. Dans sa position
actuelle, il eut pu convenir à cette dernière d'attirer
vers l'Égypte, si elle en fût restée la maîtresse,
l'un des débouchés des productions de l'Inde. Mais
il ne conviendra probablement jamais à l'Angleterre
de changer la route de ce commerce, ce serait sacrifier son indépendance maritime et couper les bras
à sa marine, pour qui cette navigation est une véritable école où une longue pratique développe et
exerce tous les talens dont se compose la science
de l'homme de mer. Ainsi les raisons d'intérêt qui
feraient désirer à la France de voir le Levant prendre
une existence sociale et politique, prescrivent à l'Angleterre de le replonger dans la barbarie ; la première n'avait qu'à gagner à multiplier la concurrence commerciale, la seconde perd tout si elle ne

ainsi que dans la persévérance qui a créé à grands frais la Colonie de Botany-Bay. Déjà cet établissement annonce qu'il récompensera les combinaisons profondes de la métropole ; et indépendamment de ses productions et surtout de ses laines, n'eût-il pour résultat que de donner aux Anglais les moyens d'étendre sur la moitié du globe l'habitude de leurs usages, de leur commerce et de leur langue, il présenterait par cela seul des résultats politiques qu'il appartient à l'œil du génie de percer, et prouve qu'un Gouvernement qui vise à une grandeur durable, doit savoir sacrifier quelque chose du présent aux longues espérances de l'avenir.

Et qu'on ne dise pas, comme on affecte aujourd'hui de le croire, que ces établis-

---

règne sans rivaux : l'une doit porter partout l'émulation et l'industrie ; l'autre ne peut que vouloir condamner les trois quarts du globe à la nullité et à l'impuissance.

semens lointains nuisent à la concentra-
tion des rapports qui doivent exister
entre les Colonies et la métropole ; et
que le lien colonial ne gagne en étendue qu'aux dépens de sa solidité et de
sa force. Que prouve en effet cette
observation, même en l'appuyant de
l'exemple encore récent de la scission
opérée par les Etats-Unis? Quand bien
même on accorderait que l'apogée de
la puissance des Colonies anglaises doit
nécessairement amener tôt ou tard leur
indépendance, outre que cette époque
n'est peut-être pas très-aisée à fixer,
que résulterait-il d'ailleurs de si funeste
à l'Angleterre, de ces scissions dont
quelques politiques semblent la mena-
cer? en aurait-elle moins acclimaté ses
citoyens, ses mœurs, ses besoins, ses
relations commerciales sur tous les
points du globe? La nouvelle nation, en
acquérant l'indépendance, perdrait-elle
le caractère, les rapports, tous les

nœuds physiques et moraux qui la rattachent aux Anglais? Nous pourrions voir,
et l'expérience le prouve, l'Angleterre
essuyer encore plus d'une révolution de
la nature de celle qui a séparé d'elle les
Etats-Unis, sans que pour cela s'affaiblis-
sent sa puissance et sa prépondérance
maritime. Le Gouvernement y per-
drait, il est vrai, les moyens de placer
et de récompenser quelques créatures;
mais le commerce qui fait la force de la
nation, et donne par contre-coup à ce
même Gouvernement tant de moyens
d'influence sur l'Europe, ce commerce
fondé sur les habitudes et les besoins
du corps social, n'en verrait décroître
ni son activité ni ses produits.

Au reste, cette vaste entreprise de
l'ambition britannique ne peut s'étayer
que sur l'une des deux conditions de
l'impuissance absolue ou de l'aveugle-
ment complet de la France, puisque
cette rivale a dans la possession de la

Guiane le levier d'une industrie non
moins productive, et surtout beaucoup
plus voisine et par conséquent moins
coûteuse que celle que les Anglais peuvent élever dans l'Orient. Mais ce ne
sont pas les Anglais seuls et leurs des-
seins qui appellent les regards du Gouvernement sur sa Colonie de Cayenne;
la situation du Continent et des isles
de l'Amérique, lui en fait bien plus
strictement et plus directement la loi.

Quant aux isles, sans chercher ici
à irriter une plaie qui saigne encore,
qu'il nous suffise de remarquer, que la
Martinique est un sol absolument usé;
que quand bien même la Guadeloupe
n'aurait pas éprouvé l'incendie de la
guerre, son peu d'étendue ne lui per-
mettra jamais de sortir d'un cercle
assez étroit de commerce, et la rendra
à peu près nulle dans la masse de mouvement qu'un pays tel que la France
peut imprimer à toutes les parties de

son industrie ; qu'enfin le rétablissement du calme, de la culture et de l'industrie à Saint-Domingue, se présente dans une perspective si éloignée, qu'il n'est possible d'y voir, pour le moment, qu'une source de dépenses, un sujet d'innombrables sacrifices, sans pouvoir assigner l'époque où tant de soins commenceraient à redevenir productifs ; il y a plus, et ce serait peut-être une sage et utile combinaison de n'attendre la restauration de Saint-Domingue, que comme un effet de celle de la Guiane ; du moins on sent que si cette dernière Colonie atteignait promptement un certain degré de prospérité, il y aurait à la fois avantage et économie pour la France à la faire servir comme de pépinière à Saint-Domingue, qu'elle soutiendrait et protégerait de sa force, et alimenterait surement et promptement de ses productions.

Ajoutons que le commerce qui pour-

rait avoir lieu entre les Antilles et les
possessions espagnoles est tout entier
dans les mains des Anglais, et que quand
bien même nos isles seraient en pleine
prospérité, elles ne pourraient, par la
difficulté des communications, riva-
liser les spéculations britanniques avec
autant d'avantage que le peut faire
Cayenne par ses rivières navigables qui
mettent la Colonie en contact avec le
Pérou; c'est sur quoi nous aurons occa-
sion de revenir.

Mais ce qui relève surtout le prix
de la possession de la Guiane, c'est la
position actuelle de la nouvelle Angleterre ou États-Unis d'Amérique. Cette
puissance déploie sur un terrain immense, une population vigoureuse, et
dont les accroissemens sont véritablement incroyables. A sa force morale et
industrielle, aux progrès de sa marine
et de ses manufactures, si l'on ajoute les
ressources qu'elle vient de se donner

par l'acquisition du Mississipi ; si l'on
considère que ce fleuve superbe cou-
vre tous les derrières de son vaste
territoire, et assure l'écoulement vers
la mer, d'une multitude de productions dont le mouvement créera à la
fois une activité intérieure prodigieuse
et une influence extérieure presque incalculable ; si enfin on pèse bien toutes
les conséquences de ces causes morales
et physiques qui se réunissent ici, telles
que l'esprit et les richesses territoriales
des Anglo-Américains d'une part, de
l'autre, les troubles de l'Europe, l'épui-
sement de plusieurs de ses États, l'éloi-
gnement de tous du théâtre où se développe l'action du génie américain,
certes on sera convaincu que les temps
de la nouvelle Angleterre sont arrivés,
qu'elle marche à grands pas vers le rang
de puissance du premier ordre ; que
dans peu d'années, ses forêts, son industrie, et même les émigrations euro-

péennes, lui auront donné une marine
formidable ; qu'elle dominera nécessairement et infailliblement le golfe du
Mexique et maîtrisera le riche commerce
qui y a placé son centre et ses débouchés. C'est surtout à l'Espagne qu'il importe de calculer les suites probables
de ces évènemens : c'est à elle à voir
s'il n'est pas temps enfin de faire sortir
ses possessions de Terre-Ferme de l'état
précaire et dépendant auquel elles semblent plus que jamais condamnées.

Dans cet état de choses, combien ne
devient pas intéressante la Guiane française, qui offre vers le Sud, presque les
mêmes moyens et les mêmes ressources
dont se composent au Nord les principes
de la grandeur Anglo-Américaine!

Il y a plus, et il n'est pas difficile
de se convaincre que la Guiane seule
est appelée, par ses localités, à former
le contre-poids que la France doit son-
ger à opposer tant aux envahissemens
anglais

anglais qu'aux accroissemens naturels
et nécessaires des Anglo-Américains.
— En effet, la Guiane par sa position
et ses nouvelles limites (1), s'étendant
sur environ 200 lieues de côtes, et pro-
longeant ses limites fort avant dans les
terres, coupée d'ailleurs d'un grand
nombre de fortes rivières et couverte
d'une immense quantité de bois, pos-
sède, comme les Américains, sous ce
premier rapport, les élémens de la
puissance continentale et maritime.

En second lieu, elle a l'avantage
d'être au vent de toutes les Colonies,
et de pouvoir devenir par conséquent
la première et la plus proche station
du commerce de l'Europe. D'un autre

____

(1) Par le traité d'Amiens, les limites de la Guiane
françoise se sont étendues au-delà du Cap nord vers
la ligne jusqu'à la rivière d'Arawori qui se jette dans
la mer à environ un degré et un tiers de latitude sep-
tentrionale. Cette concession a été faite par le Por-

côté, le trajet des États-Unis à la Guiane, est plus pénible que celui de France à cette même Colonie. De manière que, bien que les distances soient physiquement à-peu-près les mêmes, néanmoins le voyage pour un vaisseau parti de France, étant plus habituellement favorisé par un bon temps, devient relativement plus court ; d'où se suit la facilité, pour la République, non seulement de commercer avec sa Colonie, mais même de la protéger en cas de guerre, et par contre-coup, de protéger par son moyen, les possésions espagnoles, surtout le Pérou, avec lequel la Guiane peut, par ses derrières et ses fleuves, établir des communications utiles et sures.

Il est donc évident que les circonstances politiques doivent exciter la France à favoriser par tous ses moyens les développemens d'une grande puissance coloniale à la Guiane. Établissons maintenant que les ressources qu'offre ce pays, assurent à la métropole les moyens d'élever cette puissance sur la base d'un commerce immense et infiniment avantageux.

§. I I.

Examen des avantages pour la France de la possession de la Guiane.

Nous avons avancé qu'ils étaient égaux ou même supérieurs à tous ceux que l'on pouvait attendre des autres Colonies ; et c'est ce dont on peut remarquer que tombent unanimement d'accord toutes les notices publiées sur cette contrée, tous les mémoires des divers citoyens Colons, Ingénieurs, Administrateurs, Savans, Voyageurs, etc., qui ont livré au public ou déposé dans les bureaux du Gouvernement, le résultat de leurs observations concernant ce pays.

Et d'abord , sous le rapport des localités , le trajet de France à la Guiane , comme nous l'avons remarqué plus haut , est ordinairement l'un des plus courts et des plus faciles de la navigation occidentale , ce qui doit assurer à la Colonie des communications plus rapides et un commerce plus économique et plus lucratif ; son étendue , en tout sens , lui donne , sous le même rapport , une nouvelle supériorité , surtout si l'on considère que , limitrophe du Brésil et du Pérou , auxquels une multitude de fleuves navigables la rattachent comme par autant de bras , elle a dans ce voisinage , et par ces communications , les moyens d'un commerce d'échange , tel que celui que font les Caboteurs des Antilles , et surtout les Anglais de la Jamaïque , avec les possessions espagnoles du golfe du Mexique ; et même cette sorte de spéculation serait beaucoup plus lucrative encore pour la Guiane, en ce que ses communications ayant lieu à travers le continent, et par le moyen des fleuves qui l'arrosent, tendraient à exciter une grande industrie intérieure, ne pourraient d'ailleurs être interrompues en cas d'hostilités. Mais c'est surtout dans ce dernier cas que les avantages de la position de la Guiane sont visibles, puisque se trouvant au vent de toutes les Colonies des nations européennes avec lesquelles la France peut avoir une guerre sérieuse, elle n'a rien à craindre de ces Colonies, peut, au contraire, armer en course contre elles et intercepter les convois qui leur seraient destinés. Enfin, ce qui distingue ce sol favorisé, et ce qui invite plus particulièrement l'industrieux Colon à y fixer ses pas, c'est qu'il n'y aurait point de voir ses longs travaux détruits en un clin d'œil par la fureur des élémens, et que cette terre hospitalière n'est ni

agitée par les tremblemens , ni boule-
versée par les ouragans qui sont le fléau
des autres Colonies , et que depuis un
temps infini , sa tranquillité physique
y a été constamment dans le plus heureux équilibre.

En second lieu , sous le rapport des
productions , la comparaison n'est pas
moins favorable à la Guiane qu'elle ne
l'a été sous celui des localités.

Il ne peut entrer dans les bornes
naturelles de ce Mémoire de décrire
toutes les richesses territoriales de la
Colonie ; mais nous rappelerons som-
mairement que , de l'aveu de tous les
voyageurs , sa fertilité est vraiment
prodigieuse , et ses productions admi-
rables en ce qu'elles offrent , réunies
et acclimatées sur le même sol, les
denrées les plus précieuses des deux
Indes.

En effet, le café cultivé sur les mornes, n'est inférieur qu'à celui de Moka ;

son cacao est le plus estimé, après celui de Caraque ; son sucre a la saveur
et la beauté de celui des Antilles ; son
coton est réputé de première qualité ;
son indigo égale en vivacité celui de
Saint-Domingue (1) ; enfin, le rocou
y forme une denrée indigène et répu-
tée très-avantageuse par l'habitant,
en ce qu'elle est à-peu-près inconnue
aux autres Colonies. Le riz peut s'y
récolter avec abondance, et cette culture n'y demande que quelques soins
pour devenir un objet important de
commerce ; enfin, les épiceries des
Indes y ont réussi au-delà de toute
espérance ; le giroflier y donne son
huile essentielle, qui soutient dans le
commerce la comparaison avec celle
du giroflier des Moluques ; le poivre,

____

(1) La terre fournit environ sept à huit récoltes
de cette denrée, et malgré les avantages de cette
exploitation, la culture en est presque nulle.

le cannelier et le muscadier y sont
entièrement acclimatés, et promettent
au cultivateur un rapport aussi précieux que certain. Le manguier enfin,
y est aussi naturalisé, et l'on sait que
cet arbre, originaire des Indes orien-
tales, donne un fruit délicieux et très-
estimé. La vanille vient dans tous ses
bois et au bord des savannes. Le baume
de copahu, la gomme élastique, toutes
sortes de résines sont recueillies dans
ses forêts. La salse-pareille, le pareira-
brava, le cifma-rouba, le gayac, quantité d'arbres, d'écorces, de simples et
de racines oléagineuses, aromatiques,
médicinales, etc., y sont très-commu-
nes; et telle est notre inconcevable
incurie sur ces productions, que nous
en tirons plusieurs, et même en assez
grande quantité de l'étranger, tandis
que nous devrions les fournir à presque
toute l'Europe. L'histoire naturelle ne
connaît point encore toutes les espèces

de ses bois, et plusieurs collections en ont déjà porté le nombre à plus de mille. Ces bois offrent pour les constructions civiles, et surtout pour les besoins de la marine, des ressources non encore exploitées. Toutes sortes d'animaux, tant sauvages que domestiques, peuplent cette belle contrée, et leurs produits, leurs chairs ou leurs dépouilles y offrent au Colon ou des jouissances ou de nombreuses utilités.

Certes, nous ne craignons pas de le dire, l'exposé succinct, et fort au-dessous de la réalité que nous venons de tracer, suffirait seul pour démontrer la vérité de notre seconde proposition, savoir : que la Guiane offre à la métropole tous les avantages, et de plus grands encore que ceux qu'elle aurait pu attendre des Antilles ou de toute autre Colonie ; mais comme ce point essentiel à établir est le but principal de notre Mémoire, et l'objet sur lequel

il importe le plus de tourner l'attention
du Gouvernement, qu'il nous soit per-
mis de reprendre ce sujet et de le faire
ressortir par quelques développemens,

La fertilité de la Guiane, où, comme
nous l'avons dit, réussissent à la fois les
denrées des Antilles et les épiceries
des Molucques, présente en première
ligne une exploitation si avantageuse,
si propre à imprimer au commerce de
la métropole une vivifiante activité,
qu'il est impossible que le Gouvernement refuse son attention et ses soins
à cette nouvelle source de prospérité
publique. Si une fois l'industrie française s'occupe d'en ouvrir les divers
canaux avec un esprit de suite, d'économie et de persévérance, bientôt les
pertes qu'a éprouvées aux isles le commerce national, seront effacées par la
masse des produits que donnera un terrain à la fois plus étendu, plus riche et
plus neuf. Ce commerce aura même

sur celui des Antilles un grand avantage, en ce qu'outre les productions coloniales de l'Occident, il devra fournir à l'Europe la plupart de ses épiceries, puisque la briéveté et la facilité du voyage, l'économie du fret, etc., nous permettront de livrer ces dernières denrées à un prix moitié au-dessous de celui qu'elles ont quand elles nous viennent de l'Inde, à la suite d'une longue et périlleuse navigation (1).

____

(1) Pour que l'exploitation des épiceries puisse influer sensiblement sur la prospérité de la Guiane, il conviendrait peut-être de lui en attribuer exclusivement la culture; car si les Antilles, où déjà le cannelier et le giroflier paraissent avoir réussi, se livraient à cette même industrie, le prix de ces denrées finirait par tomber si bas dans le commerce, qu'il ne pourrait plus y être regardé comme un objet productif; au lieu que concentrées à Cayenne, elles peuvent se maintenir au rang des véritables valeurs, et contribuer par là à multiplier les richesses et accélérer les progrès de la Colonie. Il est présumable encore que le climat de la Guiane convient mieux à

Ainsi donc la restauration, disons mieux, la prééminence du commerce français, tient désormais indispensablement à la culture intelligente et active des productions végétales et commerciales de la Guiane. Ce n'est pas tout, et nos nombreux besoins trouveraient de non moins nombreuses ressources dans les vastes forêts qui couvrent cette colonie. Il y croît en effet, les essences d'arbres les plus précieuses, qui réunissent la noblesse des formes, la majesté des proportions et des qualités aussi brillantes que solides, telles que l'odorance, l'éclat, le poli, la dureté, l'incorruptibilité, etc. La menuiserie y exploiterait pour les jouissances du luxe des bois de marquetterie, dont les surfaces pré-

tous ces végétaux, et qu'une culture éclairée y préviendra plus sûrement leur dégénération, qu'en général les naturalistes regardent comme possible ou probable.

sentent un satiné que l'art ne saurait imiter. Il y a pour la charpente et les constructions civiles des bois durs et compacts, singulièrement propres à résister à l'humide chaleur du climat. Enfin la marine et l'artillerie s'y approvisionneraient avec non moins d'avantage ; il est même naturel d'imaginer que sur près de 200 lieues de côtes, où de nombreuses rivières ont leurs embouchures, on trouverait plusieurs points où l'on pourrait élever avec autant de sûreté que d'économie, des chantiers de construction, qui feraient de la Colonie l'arsenal et comme le dépôt de notre marine.

On pense assez généralement que les bois durs et extrêmement pesans qu'on rencontre en quantité dans les bois de la Colonie, seraient très-avantageux pour la construction de la carène des vaisseaux ; que l'espèce d'incorruptibilité dont jouissent ces bois,

assurerait à cette partie une durée prodigieuse , en même temps que leur pe-
santeur fixerait le vaisseau sur sa quille ,
et lui servirait de lest naturel. Si donc,
à l'exemple des Espagnols, qui ont des
chantiers maritimes dans celles de leurs
Colonies propres à cet établissement ,
on entreprenait de pareilles constructions à Cayenne, on en verrait bientôt
sortir des vaisseaux , des frégates et
autres bâtimens , et surtout tous ceux
employés au cabotage , que nous tirons des Américains , auxquels nous
payons souvent fort cher d'assez mauvais bâtimens (1). En général, ceux qui
seraient construits dans la Colonie ,
outre les autres avantages que nous
venons d'indiquer , auraient encore le
mérite de coûter infiniment moins qu'en
Europe , par l'extrême abondance des

____

(1) Les Caboteurs construits aux États-Unis
durent à peine six ans.

matériaux, d'ailleurs, pourvu que le pays prît assez d'activité pour offrir des ressources et des avantages aux nombreux ouvriers qu'il faudrait y attirer, afin d'économiser de plus en plus sur la main-d'œuvre.

Après avoir pourvu aux besoins de la marine, le commerce pourrait encore fonder sur ces mêmes bois, d'autres spéculations. Ainsi, par exemple, les bois de charpente destinés aux maisons, moulins et autres constructions propres aux Colonies, alimenteraient un cabotage actif qui se répandrait des côtes de la Guiane, vers tous les points du golfe du Mexique, y porterait en cinq jours, et les bois et même l'excédent des productions indigènes ou des denrées venues d'Europe, rapporterait de l'or, des piastres, d'autres productions d'échange, et surtout formerait une pépinière considérable de marins.

Mais ce n'est pas seulement sur les richesses du règne végétal que Cayenne peut fonder la juste espérance de sa prospérité ; et les productions animales y forment aussi l'objet de spéculations très-utiles. La fertilité, ainsi que l'étendue des savannes, y provoquent l'établissement de ménageries, que l'on peuplerait aisément de bestiaux tirés du Para ou des isles du Cap-Verd. Déjà les cantons de Synamari et de Courou, s'étaient livrés avec le plus grand succès à l'exploitation de cette industrie. Dès qu'une fois elle aurait pris certains accroissemens, ses résultats seraient d'alimenter le cabotage par l'exportation des bestiaux ou des salaisons sur les points avantageux pour ce trafic, et de fournir au commerce de la métropole un débouché pour les sels que la Colonie tirerait de France, et en échange desquels elle fournirait des cuirs et des suifs, que nous tirons en

partie

partie de l'étranger , et dont nous cesserions par conséquent d'être tributaires. Nous ne parlons point des animaux qui sont dans les bois de la Guiane : disons seulement que ses rivières sont très-poissonneuses , que la tortue s'y trouve dans plusieurs quartiers , que le lamentin , espèce de grand phoque, y donne une chair dont la salaison est estimée des naturels du pays.

Telles sont les principales ressources que présentent les productions végétales et animales de la Guiane ; et, ne nous lassons point de le redire , ce tableau est infiniment au-dessous de la réalité ; mais tel qu'il est enfin , nous croyons qu'il prouve sans réplique que ce pays , par ses denrées coloniales, peut réparer les pertes essuyées par la métropole dans ses autres Colonies ; qu'il a d'ailleurs par-dessus elles le précieux avantage de pouvoir transpor-

ter chez nous un des débouchés du
commerce des épiceries ; que , dans
l'état où sont nos bois de France, ceux
de la Colonie nous présentent pour la
marine et le commerce , une richesse
vraiment inappréciable ; qu'enfin ses
bestiaux et ses animaux peuvent fournir des articles infiniment avantageux
à diverses branches d'industrie et de
commerce : serait-il donc possible que
la France négligeât plus long-temps
d'ouvrir cette mine féconde , quand ,
d'accord avec ses intérêts , les circonstances politiques lui font si impérieusement la loi de diriger vers ce point
l'activité de ses citoyens ?

Mais , si tels sont les avantages de la
possession de Cayenne , comment se
fait-il , dira-t-on , que des germes aussi
riches n'aient point été développés par
la culture , ou que cette culture ne soit
point encore parvenue à faire sortir
la Colonie de la longue enfance à la-

quelle elle a paru jusqu'ici condamnée? Il est aisé de se convaincre que cette objection prouve seulement l'incurie des hommes, et ne saurait rendre douteux ni équivoque le bienfait de la nature. Quelques considérations générales, suivies de quelques faits, suffiront pour nous faire remonter jusqu'aux causes de ce résultat.

§. I I I.

Des causes qui ont fait perdre à la France le fruit de la possession de la Guiane.

Elles sont, avons-nous dit, accidentelles, factices, et par conséquent transitoires; et c'est ce que nul ne pourrait contester, quand bien même il n'y aurait pour établir ce point, que la considération de la splendeur et de la prospérité qui distinguent aux deux extrémités de la Guiane, les Colonies portugaise du Para et hollandaise de Surinam. Ces deux contrées présentent l'aspect de la culture la plus productive, de la fertilité la plus riche.

Ce ne peut donc être que l'absence du travail et des soins qui condamne à la stérilité la Guiane française, qui sert d'intermédiaire à ces deux Colonies, jouit par conséquent d'un climat semblable, et réunit évidemment d'ailleurs, les mêmes caractères de fécondité.

Avouons-le donc, et ne cessons de le répéter, c'est en France, c'est parmi nous, c'est dans notre impatience de jouir, notre irréflexion à entreprendre, notre peu de persévérance à achever, notre mauvaise administration enfin, qu'il faut courageusement signaler la source de notre faiblesse coloniale, et en faire sortir, s'il nous est possible, des vues plus saines pour l'avenir, une conduite plus prudente et plus éclairée, et un système colonial et commercial

plus complet, mieux dirigé, et surtout
plus constamment suivi. Les produits
de toute culture sont d'abord le prix
du temps ; mais ils sont aussi, surtout
celui de l'intelligence, de l'esprit de
suite et d'économie, qualités essentielles
et fondamentales dans toute entreprise,
mais dont le défaut, commun chez les
Français, a souvent paralysé ou dissipé en pure perte les plus précieux
moyens. Fondée depuis à peine cent
ans, la nouvelle Angleterre influe déjà
sur l'Europe, et signale la puissance
et les effets de l'ordre, du courage et
du travail ; et depuis plus de trois
siècles, la vieille enfance des Colonies
espagnoles dont les richesses sont exploitées par l'industrie de l'étranger,
atteste l'insuffisance des bienfaits de la
nature quand elle est contrariée par
l'anarchie de l'administration. Mais
qu'avons-nous besoin de chercher ailleurs de tristes leçons, lorsqu'elles sor-

tent en foule de notre sujet même , et que l'histoire seule de la Colonie de Cayenne n'est que trop propre à nous instruire par des exemples plus directs, et qui nous touchent de plus près ? Il est certain que l'administration publique ne s'est jamais occupée sérieusement de la Guiane (1) ; que c'est même ce qu'elle a fait de moins défavorable à la Colonie que de ne pas s'en occuper du tout , puisque les traces de son action , toutes les fois qu'elle a jugé à propos d'agir , n'ont été marquées que par des désastres , résultat nécessaire de la fausseté des vues, de l'incohérence des entreprises, ou tout au moins de la légèreté qui présidait à la conception des plans.

On ne peut se proposer de recher-

____

(1) Dans un espace de 5o ans , cette Colonie , sous l'ancien régime , n'a reçu que 8 mille nègres..... Ce fait seul en dit assez.

cher ici toutes les fautes de ce genre ;
le détail en serait trop long , et l'on
craindrait de paraître se livrer plutôt
à l'esprit de critique qu'à celui qui
doit caractériser un impartial observa-
teur : remarquons seulement que la
défaveur née du mauvais succès de
plusieurs tentatives mal combinées , a
élevé contre la Colonie de Cayenne ,
un préjugé funeste qui a beaucoup
influé sur l'état de faiblesse où la culture y est demeurée.

Cette défaveur , que d'autres circonstances ont augmentée depuis , re-
monte jusqu'à l'expédition de M. de
Choiseuil , qui , après la perte du Ca-
nada , voulut réparer ce désavan-
tage , en donnant aussitôt une grande
activité à la Colonie de Cayenne , et
crut qu'il obtiendrait cet effet, en y
portant à l'instant même un grand
accroissement de population. Dix mille
hommes environ , formés d'un ramas

de prolétaires, de vagabonds, d'Allemands, de Suisses, etc. furent jetés dans les marais de la Guiane, sans préparatifs antérieurs, sans moyens d'habitation ni de défrichement. La peste se mit bientôt parmi ces malheureux, et le peu qui réchappa à ce fléau, ne servit qu'à attester, comme des débris après un naufrage, le désastre dont tous étaient les victimes. Mais l'impéritie, ou du moins, l'extrême négligence des premiers auteurs du mal, fut bientôt oubliée, et il ne reste du souvenir de cette expédition, que l'idée de l'intempérie d'un climat qui dévorait ses habitans, et par conséquent la prévention des esprits et la répugnance à tourner de ce côté les spéculations commerciales. C'est avec aussi peu de réflexion, et des résultats non moins funestes pour la Colonie, qu'on a vu plus récemment l'administration, pour créer un nouveau quartier sur la ri-

vière d'Approuague, et élever une nouvelle culture, présenter aux habitans
de quartiers déjà établis et en rapport, l'appât des secours du Gouvernement et des bénéfices qui devaient
résulter de la nouvelle exploitation.
On avait étudié la culture suivie par
les Hollandais à Surinam, et on avait
vu qu'ils tiraient le plus riche produit
des terres basses, couvertes d'eaux et
d'un limon très-favorable à la végéta-
tion; tandis qu'on les fuyait à Cayenne,
pour se porter sur les mornes et les
terrains élevés.

Depuis cet exemple, le principe de
l'avantage de la culture des terres
basses devenait certain. Mais quelle en
fut l'application ? On voulut impro-
viser à l'instant même cette culture,
défricher de vastes terrains et les
peupler de Colons. On employa au
premier travail plus de 500 nègres;
on offrit aux habitans, notamment à

ceux des cantons de Courou et de Synamari, de se transporter sur la rivière
d'Approuague, où ils trouveraient,
aux frais du Gouvernement, tous les
objets de consommation, tous les instrumens de travail qui leur seraient
nécessaires. Séduits par des apparen-
ces trompeuses, beaucoup d'habitans
quittèrent des quartiers, déjà assainis
et mis en valeur, soit par la plantation du coton, soit par l'établissement
de belles ménageries, pour se livrer
à la poursuite des espérances que le
Gouvernement leur offrait. De là se
suivit d'abord la perte d'exploitations
déjà en vigueur, et l'abandon d'établissemens créés à grands frais : opé-
ration fausse en soi, et surtout préju-
diciable au crédit, dont a si grand
besoin une Colonie naissante. Ensuite
le nouveau quartier se trouvant à 40
lieues au vent du chef-lieu, entraîna
par cette mauvaise position, d'autres

inconvéniens ; car les communications
avec Cayenne devinrent rares et diffi-
ciles : un ou deux bâtimens de l'Etat
étaient à-peu-près le seul moyen de
commerce donné à ces nouveaux habitans. Placés dans la dépendance absolue du capitaine de ces vaisseaux, il
est évident que leur industrie ne pouvait avoir de débouchés certains et
faciles, et devait dès-lors tomber en
langueur. Ils le sentirent si bien, que
plusieurs tentèrent de se créer une
communication plus directe, au moyen
de canots et de pirogues. Mais la faiblesse de ces embarcations ne fit qu'aug-
menter leurs dépenses et multiplier
leurs pertes, et plusieurs furent nau-
fragés avec leurs pirogues et leurs car-
gaisons. Si, au lieu de tout cela, l'administration n'eût pas dépeuplé un can-
ton pour en peupler un autre, si elle
eût, au contraire, employé les fonds
qu'elle consacra à cette tentative, à

attirer de nouveaux Colons , si elle les eût placés dans un quartier où le cabotage eût pu se charger des transports ; si après leur avoir donné les moyens de produire , elle eût laissé au commerce libre le soin et l'intérêt de les approvisionner selon leurs besoins et par l'échange de leurs productions , on aurait vu tous les intérêts d'accord à favoriser la culture des terres basses; cette culture aurait pris, comme à Surinam , ses développemens naturels , et l'on n'aurait point affaibli des cantons qui prospéraient , pour essayer en vain de forcer la nature et faire jouer au Gouvernement le rôle de *Créateur.* C'est une des fautes les plus graves qu'on puisse commettre dans une administration coloniale, que d'engager directement le Gouvernement dans des entreprises de commerce et d'exploitation. C'est beaucoup , mais c'est assez qu'il donne les premiers moyens d'exécution. Le commerce, éclairé sur ses intérêts, doit seul, après cela, diriger les détails de l'entreprise, et en exploiter les produits. Dès qu'un quartier fournit quelques denrées utiles, les caboteurs tendent à s'y porter, et y amènent avec eux les moyens d'échange les plus avantageux : par là, le Colon tire le meilleur parti possible de sa denrée, et voit en même temps croître ses moyens et ses produits. Tout système contraire est aussi dispendieux au Gouvernement que peu favorable à l'industrie du cultivateur, et n'enrichit jamais que les faiseurs de marchés, les brocanteurs d'entreprises, qui ne risquent jamais rien, pas même leur honneur, dont ils sont peu jaloux, volent et trompent l'État et le particulier avec une égale effronterie. On a vu encore à Cayenne, des spéculateurs, plus ardens qu'éclairés, entreprendre sans succès, une

immense plantation de tabacs ; la
saison des pluies les surprit avant que
leur récolte ne fût en maturité , elle
pourrit en conséquence sur le terrain ;
et ce résultat , en ruinant les particu-
liers , priva la Colonie de capitaux qui
y auraient fructifié, s'ils eussent été tra-
vaillés avec l'intelligence convenable.

On ne saurait donc trop se mettre
en garde contre ces tentatives avantu-
reuses , dont l'unique inconvénient
n'est pas le tort actuel et direct qui en
résulte , mais qui versent encore le dé-
couragement et les préventions , et
renforcent , contre toute innovation
utile, l'obstacle de l'indolence habituelle
au climat et à l'habitant des Colonies.
Cette indolence, dont on ne peut placer
le contre-poids que dans le sentiment
de l'intérêt , éveillé par un commerce
actif et surtout productif, doit être aussi
rangée parmi les difficultés que présente
la mise en valeur de la Guiane : on l'a

vue souvent résister à l'évidence des avantages les plus certains. Pour n'en citer qu'un seul exemple , la belle habitation de la Gabrielle perdait beaucoup de sa valeur, par la difficulté des transports qu'il fallait faire par terre. Pour obtenir des communications par eau , il s'agissait de chercher, à travers les savannes noyées , la pente et la diréction d'un canal. Des difficultés sans nombre paraissaient s'opposer au succès. Le citoyen Sonnini , naturaliste célèbre , et qui , en 1775, était à Cayenne comme officier de marine, leva toutes ses difficultés, démontra la possibilité du canal, et en détermina la position. L'ouvrage fut aussitôt commencé à la satisfaction générale ; le canal même devait porter le nom de celui à qui on en devait l'invention. Bientôt l'apathie reprit le dessus , et cet ouvrage , d'une utilité majeure , resta sans suite , et fut même tellement oublié , qu'aujourd'hui que l'on assure que le Préfet Victor Hugues en a fait reprendre les travaux , on en croit le plan tout-à-fait nouveau.

Les causes par lesquelles on vient d'expliquer la faiblesse prolongée de la Colonie sont les plus générales , et celles qui ont agi depuis plus long-temps et avec plus de puissance. Quelques circonstances de la révolution ont servi encore à redoubler leur intensité. Ainsi , par exemple , le choix fait de ce pays pour y déporter des proscrits de toute classe et de toute opinion, a réveillé toutes les idées de terreur que le nom seul de Cayenne inspirait autrefois , et que le temps et l'expérience avaient à-peu-près détruites ou considérablement affaiblies. On sent assez que les déportations qui ont eu lieu , n'ayant point été une peine légale , mais une mesure extraordinaire , subordonnée à l'empire des circonstan-

ces ,

ces, ont dû exciter des haines de parti au milieu desquelles la Guiane n'a plus été vue que sous un jour odieux, comme une terre d'exil et de malédiction, et comme une vaste Bastille toujours prête à engloutir et dévorer les victimes de toutes les ambitions et de toutes les vengeances. Ce résultat doit être compté parmi les causes opposées à la prospérité de la Colonie. Depuis le 18 fructidor surtout, il s'est monté contre elle dans la société une opinion factice, mais active et perfide, et dont le caractère n'est pas plus difficile à saisir, que les motifs ne le sont à expliquer. Le temps, au reste, en effaçant de plus en plus les circonstances qui ont vu naître cette prévention, en fera aussi disparaître les effets; mais c'est à l'administration à les adoucir, et surtout à les prévenir. Elle ne doit jamais perdre de vue que l'esprit de proscription et de violence est incompatible

avec l'esprit de commerce et d'industrie qui cherche toujours la garantie
des loix et l'abri tutélaire de la liberté.

Nous ne citerons point comme obstacle à la prospérité de la Colonie, ni
les chaleurs du climat, ni l'insalubrité
du terrain. Ces inconvéniens n'ont point
arrêté, comme on le voit, la prospérité
du Para, ni de Surinam ; d'ailleurs, le
climat et les chaleurs de Cayenne sont
plus supportables, moins étouffantes
qu'aux Antilles ; s'il s'y rencontre des
quartiers insalubres, c'est en les cul-
tivant qu'on les assainira. Enfin, il est
constant que c'est l'intempérance, plus
que la chaleur, qui tue les Européens
aux Colonies. (1)

____

(1) Les serpens avaient aussi fait autrefois à la
Colonie de Cayenne une réputation véritablement
monstrueuse et épouvantable. L'Histoire naturelle,
aujourd'hui plus éclairée, a dissipé en grande partie,
... s'il se rencontre encore ...
Guiane quelques reptiles dangereux, mais la...

Concluons donc de tout ceci, que
les causes qui ont le plus contribué
à retenir l'industrie coloniale de la
Guiane dans un état funeste de stagna-
tion sont accidentelles, factices et pas-
sagères, et terminons, en indiquant
quelques-uns des moyens qui doivent
principalement contribuer à les dé-
truire et les écarter.

§. VI.

*Des moyens de communiquer une grande
impulsion au système colonial de la
Guiane.*

Tant d'intérêts doivent désormais
appeler vers ce point l'habitant des
Colonies ; tant d'avantages y doivent
déterminer la culture, qu'on serait
presque avoir tout fait pour dette cau-

---

ture les relègue dans les endroits les plus sauvages.
On voit que l'affait, dont le hasard fit décou-
vrir à quantité de vin, contre la morsure des vipè-
res, n'est pas moins souverain contre celle des autres
serpens.

ploitation, que d'en assurer la liberté
et la sureté par le retour de la paix.
Mais ce dernier résultat, que nous
attendons de la force et de la sagesse
du Gouvernement, est tout-à-fait hors
du cadre que nous nous sommes tracé ;
et c'est assez pour nous d'indiquer
quelques-uns des moyens par lesquels,
au retour du calme, on pourrait se-
conder à la Guiane les vues de la nature et les spéculations de l'intérêt particulier. Le premier et le plus dé-
cisif des sacrifices à faire par la métropole à l'intérêt de la Colonie, est
de lui accorder, au moins pendant un
temps assez long, 15 ou 20 ans, par
exemple, la franchise la plus illimitée
du commerce. Il faut que pendant ce
temps, les ports de Cayenne soient
indistinctement ouverts à toutes les
nations. Il n'est point de moyen plus
certain d'y créer en peu de temps la
plus brillante activité. En effet, en

même temps que cette concurrence tend
à fournir au Colon, au meilleur mar-
ché possible, les denrées et approvi-
sionnemens d'Europe qui lui sont nécessaires, elle lui assure aussi une vente
plus avantageuse de ses productions
coloniales ; de sorte qu'il se trouvera
dépenser peu et gagner beaucoup : par
là ses richesses augmenteront ; et avec
les richesses s'étendra la culture, dont
le succès d'ailleurs excitera chaque jour
l'établissement de nouveaux planteurs.
Mais, si au lieu de cette base si simple, et en même temps si féconde en
résultats, on néglige encore les préju-
gés de la routine, les faux calculs de
l'égoïsme ; si, sous prétexte de favoriser le commerce national, on lui
accorde l'approvisionnement exclusif
de la Colonie, qu'arrivera-t-il ? On
verra infailliblement un petit nombre
de spéculateurs avides s'emparer, par
toutes sortes de moyens, des débou-

chés de l'industrie publique ; on les
verra laisser croître indéfiniment les
besoins de la Colonie , afin d'en avilir
les ressources. Un armateur venu de
France avec sa cargaison , et se trouvant sans concurrens à la Guiane , non
seulement tiendra très-élevé le prix de
ses marchandises , mais encore sera évidemment le maître de fixer aux denrées
que les habitans pourront lui offrir en
échange , le prix le plus défavorable
pour eux et le plus avantageux à ses
propres spéculations. De là se suivra
pour le planteur un état prolongé de
gene ou même d'indigence ; de là aussi
la Colonie , au lieu de prospérer , tom-
bera de plus en plus , au grand détri-
ment du commerce français lui-même ,
dont les véritables intérêts se trouve-
ront sacrifiés aux combinaisons exclu-
sives d'un très-petit nombre de faiseurs
d'affaires : que si , au contraire , malgré quelques clameurs de la mauvaise

foi et de l'ignorance, on accorde une
entière liberté au commerce de la Colonie, la prospérité qui en résultera
pour elle, loin de nuire au commerce
national, devra bien plutôt lui donner
de l'activité, en mettant les fabricans
et tous les spéculateurs dans la nécessité de faire mieux et avec plus d'économie que l'étranger. d'ailleurs, quand
bien même il en résulterait momenta-
nément et pour les commencemens surtout, une balance plus favorable à la
colonie qu'à la métropole, celle-ci
ne serait-elle pas immédiatement dé-
dommagée par le produit des colonies,
et ne recueillerait-elle pas dans quelques années, les fruits les plus précieux de toutes ses sacrifices, par la con-
stance et le développement qu'aurait
pris une Colonie magnifique, qui, sans
cette mesure, resterait éternellement
dans l'enfance, ce qui par elle seule
peut se procurer avec surabondance.

les objets nécessaires à sa création, qui sur tout les obtiendra par ce moyen, à des prix très-modérés, bientôt même à de longs crédits, avantage incalculable pour tout établissement qui commence? Enfin, s'il pouvait rester quelque doute sur ce point, il suffirait de jeter les yeux sur l'état des Colonies espagnoles, pour se convaincre de l'inutilité et des funestes effets du régime des prohibitions. Nulle part on n'a pourvu par plus de lois à ce que la métropole seule fournît aux besoins des Colonies; nulle part la métropole n'a moins satisfait à ces mêmes besoins; nulle part, aussi les étrangers n'ont entrepris un commerce interlope ou une contrebande plus avantageuse; et en définitif, qu'en est-il résulté pour ces Colonies, sinon une précoce vieillesse, un dépérissement progressif, et une faiblesse qui les rend presque inutiles à la mère-patrie?

Un second bienfait du Gouvernement français envers Cayenne, serait
d'y porter quelques établissemens pour
les constructions de la marine. Il est
hors de doute que sous le rapport des
bois, le pays ne présente les ressources les plus précieuses ; et nous avons
déjà traité cet objet plus haut. Mais l'on
objecte que les emplacemens pour un
grand chantier de construction n'y paraissent pas aussi favorables. Les côtes
de la Guiane sont, en général basses,
bordées de sables ou couvertes de palé-
tuviers. Les anses formées par les bou-
ches des rivières, sont extrémement
vaseuses, et les vaisseaux un peu forts,
y labourent dès qu'ils veulent avancer.
Cependant les Colons sont persuadés
que, par exemple, les embouchures
de l'Oyapok et de l'Approuague, et
quelques autres points seraient suscep-
tibles de devenir, avec quelques travaux, de très-beaux bassins. On pense

aussi que l'encombrement actuel du lit
des rivieres, les sables, les pierres et
les débris des arbres qui bordent leur
cours, contribuent à leur faire char-
rier la vase qui s'amoncèle à la côte ;
et que ces inconvéniens pourraient
disparaître par la culture, qui se portant toujours le long des rivieres, tend
à débarrasser leurs bords et à affran-
chir leur lit. En portant à la Guiane
quelques travaux importans, quelques
établissemens d'un intérêt majeur, ce
serait une raison de plus pour le Gouvernement d'y exciter la transplanta-
tion de nouveaux Colons. Les circonstances de la révolution paraîtraient de-
voir le servir pour l'exécution de cette
idée. Il devra se trouver en effet, à la
paix définitive, des militaires à récompenser, des victimes à indemniser, des
mécontens à neutraliser : combien alors
ne serait-il pas avantageux au Gouvernement de pouvoir tourner avec pru-

dence les vues et les espérances d'une
foule d'individus vers les richesses
que leur promettraient le travail et
la culture. Il faudrait alors, pour
suivre ce plan avec succès, diriger
chaque émigration européenne sur des
quartiers débarrassés des premiers obstacles, et suffisamment pourvus de Nègres, et d'autres moyens de combattre
les premières difficultés que présente
une nature sauvage et encore vierge.
On pourrait faire des concessions de
terrains à des citoyens dont on connaî-
trait la moralité et l'industrie, accorder à ces nouveaux Colons quelques
avances en Nègres, en instruments, en
bestiaux, selon leur position et la nature
du travail qu'ils entreprendraient. Mais
il faudrait surtout favoriser et exciter
le cabotage; car il est l'âme du commerce
[illegible] des Colonies [illegible], c'est le
cabotage [illegible] pour l'intérêt particulier qui porte [illegible] et la fécondité

sur des points où, sans cette ressource, l'industrie la plus laborieuse serait étouffée par le besoin. Ce n'est point le grand commerce qui crée immédiatement les établissemens qu'il doit exploiter : non, le commerce n'envoie ses vaisseaux que là où il y a de vastes moissons à recueillir. Mais en attendant, c'est le cabotage qui jette et développe les germes, faibles d'abord, et qui ensuite prennent de superbes développemens. Ainsi, par exemple, beaucoup de quartiers naguères florissans, à Saint-Domingue, avaient été formés par un excédent de population qui s'y portait, et dont les caboteurs alimentaient les progrès. Ces caboteurs répandaient dans ces petits quartiers le superflu ou le rebut des denrées d'Europe ; ils en achetaient les productions ; ils formaient avec les habitans un commerce, dont le principal débouché était chez les Espagnols

de la Terre-Ferme , d'où ils rappor-
taient , au péril de leur vie ou de
leur liberté , des piastres , des vivres
et des mulets. On a vu aussi à Cayenne,
en 1790 , les quartiers fertiles de
Sinamary et Yracoubo , s'élever par
le cabotage : quelques habitans occupaient cette belle partie , et faute de
débouchés ne s'y occupaient guères que
de nourrir des bestiaux. Une maison
riche leur fit des ayances , leur en-
voya des caboteurs ; par là , des communications lucratives s'établirent entre ces quartiers et le chef-lieu ; la
culture du coton s'y introduisit aussitôt , et , trois ans après ; ils présentè-
rent une situation florissante , et qui
donnait les plus belles espérances ,
quand la révolution est venue les dé-
truire , ou du moins les suspendre.

Pour répandre une grande activité
sur les côtes de la Guiane , et y voir
se multiplier les établissemens , il fau-

drait donc faire en sorte d'y multiplier les caboteurs. D'abord cette espèce de bâtimens y seraient construits, comme nous l'avons déjà observé, avec de grands avantages ; ensuite on pourrait attacher au service de cette marine beaucoup d'Indiens. Ceux de la Guiane sont doux, faciles à gagner ; ils ont même beaucoup d'intelligence dans les navigations qu'ils entreprennent pour pêcher. Les hommes faits sont très-attachés à leur vie indépendante ; mais on pourrait tirer du sein des peuplades des enfans et des jeunes gens qui se plieraient à nos mœurs. Ce cabotage, une fois monté, on verrait se multiplier sur les côtes, les habitations, les villages, les bourgs, qui seraient désormais certains de leurs communications avec leurs chefs-lieux, se trouveraient par là à l'abri des besoins, recevraient facilement les marchandises d'Europe, livreraient en échange leurs denrées, enfin verraient tous les jours prospérer et croître leur industrie. Le nouveau planteur, en effet, a besoin de crédit pour se procurer les denrées ou instrumens qui lui sont nécessaires, et être admis à les payer sur le bénéfice de ses productions. Il faut donc qu'il produise pour gagner la confiance de la maison qui lui envoie ses caboteurs. De là naît l'activité du travail, qui produit à son tour le crédit, élémens féconds et créateurs, et dont l'action simultanée et réciproque se manifeste bientôt par les résultats les plus heureux, par tous les signes de la richesse et d'une véritable prospérité.

Mais, si au lieu de cette marche naturelle et absolument nécessaire, le Gouvernement s'interpose pour se substituer au commerce, fonder des établissemens, en recueillir les produits, etc., il se ruinera en avances, sera volé par ses fournisseurs , sans être remboursé par les Colons , qui seront mal fournis ; il aura paralysé l'industrie du commerçant , et détruit en pure perte l'activité du planteur. Nous ne saurions trop le redire, le Gouvernement, en fait d'entreprise de commerce , agit beaucoup quand il agit le moins possible , et se contente du rôle de protecteur éclairé. C'est dans le même esprit qu'il conviendrait aussi que les citoyens les plus influens donnassent aux riches l'exemple de diriger leurs spéculations financières vers la prospérité coloniale, en plaçant des fonds dans une industrie infiniment plus avantageuse et souvent plus louable que toutes les spéculations qu'ils peuvent tenter en France. Tous les jours des capitalistes y placent hardiment sur des biens fonds , à des intérêts beaucoup plus forts que le produit de ces mêmes biens. Quel

peut

peut être le résultat d'une chance aussi
désavantageuse, autre que l'avilisse-
ment des biens mêmes, la hausse désor-
donnée et immorale des intérêts, et
en définitif, la ruine des propriétai-
res ? Tandis qu'à Cayenne, la culture
la plus simple peut rapporter jusqu'à
25 pour 100, et cependant cette spéculation, qui ferait à la fois la splendeur de l'État et la richesse des parti-
culiers, ne trouve ni secours, ni alimens
chez les capitalistes de France !

Ce serait ici que l'autorité de l'exemple serait non moins utilement qu'ho-
norablement employée par les mem-
bres du Gouvernement. Il serait bien
temps de rappeler les Français aux
principes d'économie et de travail,
sans lesquels il n'est point de fortune
durable ni pour le public, ni pour le
particulier. La richesse, chez une nation véritablement constituée, ne peut
être que le prix d'une bonne et utile

industrie : et qu'y aurait-il de plus glorieux et de plus utile que de contribuer à réparer les pertes de notre patrie, par la création d'une nouvelle branche de prospérité ? Il est sans doute encore beaucoup d'autres moyens de donner le mouvement et la vie à la Guiane française ; la paix surtout, ferait éclore de toutes parts les combinaisons et les ressources. Mais nous n'avons pas la prétention ridicule de vouloir exclusivement distribuer les lumières. Nous présentons avec confiance, mais avec modestie, quelques idées que nous avons crues utiles, et notre but sera rempli, si, comme nous nous l'étions proposé, nous avons réussi à éveiller l'attention du Gouvernement sur l'importance actuelle de la Colonie de Cayenne, sur les avantages qu'elle promet à la France ; si nous avons jeté quelque lumière sur les obstacles qui en ont jusqu'ici comprimé la puissance, et indiqué quelques-uns des moyens qui nous restent pour la porter au point de splendeur auquel la nature même lui commande d'aspirer.

N. B. Si ce Mémoire obtient quelque faveur, on se propose de le faire suivre d'un second, où l'on développera la nature et les effets des relations commerciales établies dans le golfe du Mexique entre les Antilles et la Terre-Ferme espagnole.